AF636652

Dieses Buch gehört:

____

____

Inhaltsverzeichnis

Unser Sandmännchen

Das große Buch der GUTE-NACHT-GESCHICHTEN

Unser Sandmännchen besucht die Löwen

Heute waren die Löwen Leo und Lea mit ihren Kindern Leoni, Leander und Leonhard den ganzen Tag in der heißen Steppe unterwegs. Die drei müssen nämlich vieles lernen. Heute, wie man Spuren liest und wie man herausfindet, woher der Wind weht. Als es Abend wird, sagt Löwenpapa Leo: „Wir gehen nach Hause."

Er ist froh, als sie endlich bei der Wasserstelle sind, wo sie nachts immer schlafen. Er trinkt etwas, streckt sich lang aus und gähnt zufrieden. Es gibt doch nichts Schöneres, als sich ein bisschen auszuruhen, findet er. Da klettert ihm die kleine Leoni auf den Rücken und krallt sich in seiner Mähne fest. Auch Leonhard und Leander, ihre großen Brüder, kommen herbei. „Papa, spiel mit uns", verlangen sie. Leo will faulenzen, aber die Kleinen quengeln: „Papa, wir wollen Fangen spielen!" „Na gut, meinetwegen", brummt er und steht wieder auf. Die Kleinen jagen hinter ihm her: Um die Wasserstelle herum und um die Bäume.

Da sieht Leo, wie eine Giraffenfamilie näher kommt. „Jetzt kann Mama mit euch spielen!“, sagt er. Denn die Giraffen müssen ja nicht unbedingt sehen, wie er mit den Kleinen herumtollt. Er ist schließlich der König der Tiere, und als König muss man sich nun mal würdevoll verhalten, findet Leo. Er legt sich nieder, hebt sein Haupt und lässt den Blick über die Steppe schweifen. Das sieht sehr würdevoll aus. Aber die Kinder merken das gar nicht: „Papa, spiel' noch mit uns“, quengeln sie. „Bitte, bitte! Nur noch ein bisschen!“

Leo blickt in die Ferne. Bald müsste es so weit sein, überlegt er. Da sagt Lea: „Seht mal!“

Am Horizont ist eine Staubwolke aufgetaucht und kommt näher. Wie sich herausstellt, ist es ein Geländewagen. Er fährt genau auf die Wasserstelle zu und hält schließlich an. Ein Mann mit weißem Bart steigt aus.

„Hallo, Sandmännchen!“, freuen sich die Löwenkinder und haben das Fangenspielen sofort vergessen. Leo knurrt zufrieden: Jetzt kann er sich endlich ausruhen.

Nachdem das Sandmännchen die jungen Löwen zur Begrüßung

hinter den Ohren gekrault hat, beschnuppern sie neugierig das Auto und klettern auf die Kühlerhaube. Danach aufs Dach. Von dort oben springen sie wieder herunter. Ja, so ein Auto ist ein tolles Spielzeug!

Sie spielen, bis die Sonne auf der Spitze des Berges zu liegen scheint, der in der Ferne aufragt. „Schlafenszeit!“, verkündet Löwenmama Lea. Die drei tun so, als ob sie es gar nicht gehört hätten. Da nimmt das Sandmännchen seinen Beutel mit Traumsand zur Hand und streut – pling pling – eine Handvoll durch die Luft. Das macht sogar junge Löwen müde! Mit schweren Tatzen schleppen sie sich zu ihrer Mama, kuscheln sich an sie, und im Nu sind sie eingeschlafen. „Vielen Dank, liebes Sandmännchen!“, brummt Leo. Das Sandmännchen winkt zum Abschied, steigt in seinen Geländewagen und braust davon. Mit ihren scharfen Ohren hören Leo und Lea noch lange das Brummen des Motors. Als es still wird, sind auch sie müde. Schlaft gut, ihr Löwen! Morgen wird wieder ein heißer Tag.

Unser Sandmännchen fährt voraus

Seit zwei Stunden schon sind Willi und Anton auf dem Wasser. Ihr kleines Segelboot jedoch will nicht so richtig in Fahrt kommen. Auch die anderen Jollen der Segelschule „Hart am Wind“ dümpeln langsam vor sich hin, denn heute herrscht ziemliche Flaute auf der Ostsee. So wird das wohl nichts mit der Wettfahrt, die Segellehrer Andi geplant hatte.

Plötzlich aber ist ein seltsames Rauschen zu hören, die Gischt spritzt hoch und Wassertropfen wirbeln durch die Luft. Ein roter Blitz saust an dem Segelboot vorbei, das nun auf den Wellen hin- und herschaukelt.

„Wow!“, ruft Anton. „Was war das denn?“

„Sah aus wie ein Wassermotorrad auf der Jagd nach dem Weltrekord“, lacht Willi. „Das holen wir nie ein, jedenfalls nicht bei dem bisschen Wind!“ Die beiden Jungs schauen dem roten Jetboot hinterher, das lustige Haken übers Wasser schlägt.

„Och, mir würde es schon reichen, wenn wir wenigstens Lasse und Paul abhängen könnten", brummt Anton. „Ich habe keine Lust, schon wieder hinter den beiden Angebern anzukommen."

Just in diesem Augenblick fegt eine Windböe heran, erfasst das Segel des kleinen Bootes, bläst hinein – und schon beginnt eine wilde Fahrt. Alles geht so schnell, dass die Jungs kurz Mühe haben, die Leinen festzuhalten. Doch mit vereinten Kräften schaffen sie es, das Segel richtig auszurichten. Anton hält das Ruder und steuert sicher um die nächste Boje herum. Die Wende ist geschafft!

Nun geht es direkt auf das Ziel zu, denn der Wind treibt die Jolle stetig voran. Ha, wer hätte das gedacht! Lasse und Paul jedenfalls nicht, die gucken nur ungläubig, wie die anderen ihnen auf und davon brausen.

Und noch jemand schaut zu, wie Willi und Anton schließlich die Zielboje erreichen: Der Fahrer des Jetbootes ist zurückgekommen und winkt den beiden glücklichen Siegern zu.

„Hey, schau mal!“, meint Willi und deutet zum Jetboot. „Er sieht aus wie das Sandmännchen.“

Tatsächlich! Es ist das Sandmännchen! Anton ist begeistert. „Es hat uns Glück gebracht ... und guten Wind. Vielen Dank, Sandmännchen“, ruft Anton. Das Sandmännchen lächelt und macht kehrt.

„Bis heute Abend“, meint Willi. „Pass gut auf, dass der Traumsand nicht nass wird, okay?“

Aber das Sandmännchen ist ein Profi, bis zum Abendgruß kann es ruhig noch ein paar rasante Runden auf dem Wasser drehen.

Unser Sandmännchen besucht das Einhorn

Weißt du, wo das Einhorn lebt? Nein? Na, mach dir nichts daraus. Das Einhorn ist sehr scheu, und wo es lebt, ist ein Geheimnis. Ich kann dir nur verraten, dass es in einem Wald wohnt, aber wo der ist, das weiß ich ehrlich gesagt auch nicht. Aber das Sandmännchen weiß es! Es ist sogar gerade unterwegs, um das Einhorn zu besuchen. Es wohnt im größten Wald, den du dir vorstellen kannst.

Das Sandmännchen ist schon eine Ewigkeit unterwegs – so kommt es ihm zumindest vor. Leise rauscht der Wind in den Wipfeln der mächtigen Bäume. Wunderschöne bunte Blumen blühen an sonnigen Flecken. Aber wo ist das Einhorn? Das Sandmännchen guckt sich um: Nur ein Eichhörnchen hüpft oben in einer Buche von Ast zu Ast. „Hallo Sandmännchen!", ruft es freundlich herunter. „Was suchst du denn hier, mitten im Wald? Ach, du bist bestimmt auf der Suche nach dem Einhorn. Das habe ich schon ewig nicht mehr gesehen …", und schon springt es weiter.

Eichhörnchen haben es immer eilig. Aber allzu viel Zeit bleibt dem Sandmännchen auch nicht mehr, denn bald wird es dunkel. Und schließlich muss es auch wieder aus diesem riesigen Wald hinaus!

Ein bisschen schneller geht der Sandmann nun, bis er auf einmal eine kreisrunde Lichtung betritt. Und da, stell dir vor, da steht es, als hätte es schon immer auf das Sandmännchen gewartet: das Einhorn. Es sieht aus wie ein wunderschönes weißes Pferd, nur hat es ein langes Horn auf der Stirn. Und sein Fell ist so weiß, dass es leuchtet. Das Einhorn hat große, dunkle Augen, mit denen es das Sandmännchen anblickt. „Hallo, liebes Sandmännchen", sagt es mit sanfter Stimme. „Wie schön, dass du mich besuchst. Das war ein weiter Weg für dich, nicht wahr? Denn ich wohne genau in der Mitte des Waldes." Na, da ist es kein Wunder, dass es so lange gedauert hat, das Einhorn zu finden!

Das Sandmännchen tritt näher und streichelt dem Einhorn zärtlich über den Kopf. Da stupst ihn das Einhorn leicht mit der Schnauze und sagt: „Komm! Wir reiten eine Runde. Hast du

Lust?“ Und ob das Sandmännchen Lust hat! Es steigt auf und schon jagen sie los, so schnell, dass das Sandmännchen sich an der langen Mähne des Einhorns festhalten muss. Oh, auf dem Einhorn zu reiten, das ist schön! So etwas Tolles hat es noch nie erlebt! Leider dauert der Ritt nur ein paar Minuten – so kommt es dem Sandmännchen zumindest vor. Dann wird das Einhorn langsamer und bleibt stehen. „Schau“, sagt es. „Ich habe dich zum Waldrand gebracht. Nun hast du es nicht mehr so weit nach Hause.“ Tatsächlich: Durch die Bäume hindurch erkennt das Sandmännchen eine Wiese. Die braucht es nur zu überqueren und danach in einen schmalen Feldweg einzubiegen, dann ist es bald daheim. Wie nett von dem Einhorn!

Nun zieht das Sandmännchen den Beutel mit Traumsand hervor. Pling pling – streut es eine Handvoll durch die Luft. Ein silberweißes Wölkchen schwebt um den Kopf des Einhorns. „Vielen Dank für den Besuch“, sagt es. „Jetzt bin ich müde und muss schlafen.“ Das Sandmännchen winkt ihm hinterher. Langsam verschwindet das Einhorn zwischen den Bäumen. Auf Wiedersehen, liebes Einhorn! Schlaf gut und träum was Schönes!

Unser Sandmännchen spielt mit den Delfinen

Die Delfinkinder Max und Diana wollen spielen, aber heute ist so ein verflixter Tag, da macht ihnen überhaupt nichts Spaß. „Mama, was sollen wir machen?“, quengeln sie. So geht das schon den ganzen Tag. „Spielt doch mit den Thunfischen.“ „Ach, das ist langweilig.“ „Übt doch Saltos!“ „Nein, das ist auch langweilig.“ Heute ist alles langweilig, nichts macht Spaß. Simone, die Delfinmama, weiß wirklich nicht, wie sie da helfen kann, und als sie einmal gründlich Luft schnappen will, entdeckt sie ein Segel am Horizont. Da kommt ein Schiff, und es kommt immer näher, genau auf sie zu. So schnell, dass es eine Bugwelle macht und die Gischt nur so spritzt. Wer steht denn da am Steuerrad? „Hallo, Sandmännchen!“, rufen Max und Diana.

Ja, es ist das Sandmännchen! Und sofort ist die Langeweile weg – wie eine Wolke, die der Wind fortgeweht hat. Das Sandmännchen wirft nun den Anker. „Spiel mit uns, bitte, bitte!“, rufen Max und Diana. Sie schlagen Saltos und

machen wilde Sprünge. So sehr freuen sie sich, dass das Sandmännchen gekommen ist! Das sieht ihnen lächelnd zu, dann verschwindet es in der Kajüte. Als es wieder erscheint, hat es etwas Rotes in der Hand. Das Sandmännchen hält sich das Ding an den Mund und pustet, und da wird es größer. Das ist ein Wasserball! Den wirft das Sandmännchen ins Wasser, und der Wasserball tanzt auf den Wellen. Aber nicht lange! Denn schon kommt Max unter Wasser angeschossen, taucht auf und: Peng! Kopfball! Der Ball fliegt hoch in die Luft. Doch bevor er wieder aufs Wasser platscht, schießt Diana aus den Wellen, trifft ihn prima mit dem Kopf, und wieder saust der Ball hoch in den Himmel. So geht das hin und her zwischen Max und Diana, immer wieder, und sie schaffen es, dass der Ball nie die Wasseroberfläche berührt. Schließlich köpft Max den Ball zu seiner Mama Simone.

Mit dem ganzen Körper springt Simone aus dem Wasser und trifft den Ball – patsch – genau im richtigen Augenblick mit der

Schwanzflosse. Und dann zischt er direkt auf das Segelboot vom Sandmännchen zu. Das Sandmännchen macht einen tollen Hechtsprung und fängt den Ball mit beiden Händen. Hurra, gut gemacht – die drei Delfine jubeln und klatschen begeistert mit den Vorderflossen. Ja, das war lustig! „So, Schluss für heute, Kinder!", ermahnt Simone ihre Kleinen. Das Sandmännchen lässt die Luft aus dem Wasserball und räumt ihn wieder in die Kajüte. Dafür holt es den Beutel mit Traumsand und streut eine Handvoll durch die Luft. Da werden die kleinen Delfine ganz müde.

Das Sandmännchen lichtet den Anker und stellt sich wieder ans Steuerrad. Schon bläht der Wind das Segel und mit schäumender Bugwelle fährt das Sandmännchen davon. „Auf Wiedersehen, liebes Sandmännchen!", rufen die Delfine. Zum Glück ist das doch noch ein schöner, lustiger Tag geworden! Das Sandmännchen dreht sich um und winkt: Schlaft gut und träumt was Schönes.

Unser Sandmännchen in den Bergen

Kai und seine Eltern machen Urlaub in den Bergen. Sie wohnen in einem kleinen Dorf und Frau Tanner, die Wirtin ihrer Pension, hat einen Sohn. Der heißt Toni und ist ungefähr so alt wie Kai. „Soll ich dir das Kraxeln beibringen?“, fragt ihn der Toni nach ein paar Tagen. „Das was?“, fragt Kai. Die Leute hier in den Bergen reden nämlich manchmal so komisch und Kai versteht nicht, was sie meinen. „Na, das Kraxeln. Also, das Klettern mein’ ich“, erklärt der Toni. „Klettern kann ich doch“, sagt Kai. „Glaubst du?“ Der Toni grinst bloß. „Dann komm mal mit.“ Also machen sich die beiden auf den Weg. An Wiesen vorbei, auf denen schwarzgefleckte Kühe weiden, geht es höher und dann stehen sie vor einer Felswand. „So, da wären wir“, sagt der Toni. „Jetzt pass auf!“ Er bindet Kai ein Seil um die Hüfte und klettert, das Ende vom Seil in einer Hand, den Felsen hoch als wäre das rein gar nichts. Oben schlingt er das Seil um einen Baum und lässt es wieder herunterfallen. Als der Toni auch selber wie-

der unten steht, nimmt er das herabhängende Seil fest in beide Hände. „So, jetzt bist du dran“, sagt er zu Kai. „Wenn du abstürzt, fällst du ins Seil und ich halt’ dich fest.“

Kai ist ein bisschen mulmig zumute. „Da kann gar nichts passieren“, beruhigt ihn der Toni. „Na gut!“ Kai versucht es und am Anfang geht es auch ganz gut. Aber dann wird der Felsen steiler. Immer schwieriger wird es, Stellen zu finden, wo er seine Füße hinsetzen und wo er sich gut festhalten kann. Zum Glück gibt ihm der Toni von unten Tipps und Kai kommt immer höher. Aber dabei geht ihm langsam die Kraft aus. Und als er mit der rechten Hand nach einem neuen Haltegriff sucht, rutscht die linke plötzlich ab und ... Tja, wenn der Toni jetzt nicht so gut aufgepasst und ihn festgehalten hätte, dann wäre Kai abgestürzt. Aber so lässt ihn der Toni ganz gemütlich am Seil herunter, und als Kai wieder auf dem Boden steht, will er es gleich noch mal probieren. Aber da kommt plötzlich eine Herde Gemsen angesprungen. Und auf einer der Gemsen sitzt ein kleiner Mann mit einem weißen Bart – was glaubst du, wer das ist? „Hallo, liebes Sandmännchen“, freut sich Kai. Das Sandmännchen steigt ab und kommt zu ihnen. Es hat den Beutel mit Traumsand schon in der Hand.

„Ist es denn schon so spät?", überlegt Kai. Ja, tatsächlich! Das Klettern war so aufregend, da hat er gar nicht gemerkt, dass die Abendsonne die Berge in ihr rosarotes Licht taucht. Pling pling – streut das Sandmännchen eine Handvoll Traumsand durch die Luft. Und nun spürt Kai, wie müde er ist. Das Sandmännchen aber schwingt sich wieder auf seine Gemse. Und dann reitet es einfach den Felsen hinauf, den Kai vorher hochklettern wollte. Kannst du dir das vorstellen? Kai traut seinen Augen kaum. Schon ist das Sandmännchen oben und winkt ihnen zum Abschied zu. Tja, das Sandmännchen hat's gut, das kann auf Gemsen reiten – und Gemsen sind die besten Kletterer, die es gibt. Aber selbst klettern macht auch Spaß, findet Kai. „Gehen wir morgen wieder kraxeln?", fragt er den Toni. Da grinst der Toni: „Sowieso!" Und das heißt hier in den Bergen so viel wie „ja". Aber jetzt geht es erst einmal nach Hause! Schlaft gut, ihr Kraxler! Und träumt was Schönes!

Unser Sandmännchen besucht die Meerestiere

Unten am Korallenriff ist ganz schön was los: Die Clownfische, die Falterfische und die Papageienfische spielen Fangen im Seegras und den schlingernden, schwebenden Algen. Hui, da flitzen sie herum und verstecken sich manchmal in den Korallenspalten und Höhlen. Das macht vielleicht Spaß! Aber Reinhold, der alte Zackenbarsch, und seine Freundin, die Krake Kunigunde, spielen nicht mit. Die beiden mögen es ruhiger. Es gefällt ihnen, abends im Sand zu liegen und noch ein wenig miteinander zu plaudern, während die jungen Fische spielen. Gerade haben sich Reinhold und Kunigunde darüber unterhalten, wie morgen wohl das Wetter wird, da deutet Kunigunde mit einem ihrer Tentakel nach oben: „Schau mal, Reinhold“, sagt sie. „Da kommt jemand.“ Ja, wer kommt denn da? Das sieht ja komisch aus, wie ein riesiger Fisch. Reinhold ist erst einmal ein bisschen erschrocken, weil große Fische gewöhnlich nichts Gutes bedeuten. Aber ein Hai

ist es jedenfalls nicht. Reinhold blinzelt, er ist nicht mehr der Jüngste und ein bisschen kurzsichtig. Nein, ein wirklich seltsamer Fisch ist das: Er hat eine Mütze an den Füßen und eine Sauerstoffflasche auf dem Rücken und um ihn herum steigen lauter kleine Luftblasen auf. „Das scheint ein Taucherfisch zu sein. Was meinst du, Kunigunde?", fragt Reinhold. Aber da jubeln plötzlich die Clownfische: „Das Sandmännchen! Das Sandmännchen kommt."

Das muss Reinhold sich genauer ansehen. „Kommst du mit, Kunigunde?" Die beiden schwimmen langsam auf das Sandmännchen zu. Dieses leuchtet sie mit seiner Taschenlampe an, um genauer zu sehen, wer da kommt. Denn Reinhold, der Zackenbarsch, und Kunigunde, die Krake – nun ja, auf den ersten Blick sehen die beiden fast ein wenig unheimlich aus. Aber Reinhold glotzt das Sandmännchen nur neugierig an. Kunigunde streckt ihm zur Begrüßung einen ihrer Tentakel entgegen und schüttelt dem Sandmännchen freundlich die Hand. Und nun kommen auch schon die Kleinen, die fröhlichen bunten Clown-, Falter- und Papageien-

fische. Wie bunte Blitze sausen sie um das Sandmännchen herum, wobei die Clownfische mal wieder nichts als Unsinn im Kopf haben und rückwärts schwimmen, so schnell sie können. Und weil sie hinten keine Augen haben, stoßen sie natürlich immer wieder mit den anderen Fischen zusammen. Und das finden sie auch noch komisch! Reinhold, der Zackenbarsch, kann darüber nur den Kopf schütteln. Das Sandmännchen zieht seinen Beutel mit Traumsand aus dem Taucheranzug. Wie eine glitzernde Wolke hüllt der Traumsand die Meeresbewohner ein. Und nun werden sie auf einmal alle müde, selbst die verrückten Clownfische schwimmen jetzt lieber wieder vorwärts. Reinhold lässt sich neben Kunigunde in den weichen Sand sinken. Das Sandmännchen winkt ihnen zum Abschied zu und schwimmt wieder Richtung Wasseroberfläche. Das Tauchen hat ja solchen Spaß gemacht! Herrlich war es, unter Wasser zu schweben! Das Sandmännchen hätte nie gedacht, was es hier alles zu entdecken gibt. Aber es ist nun mal kein Fisch und seine Sauerstoffflasche ist bald leer. Höchste Zeit also zum Auftauchen. Auf Wiedersehen ihr Meerestiere!

Unser Sandmännchen im Dschungel

Das Sandmännchen ist heute im Dschungel unterwegs. Hier gibt es keine ordentlichen Wege, alles ist zugewachsen, ein einziges Dickicht aus Schling- und Kletterpflanzen und Farnen, Bäumen und Sträuchern. Hindurchzukommen ist sehr, sehr mühsam für das Sandmännchen. Noch dazu schleicht Jorge, der Jaguar, schon seit einer Weile durchs Gebüsch und beobachtet das Sandmännchen aus funkelnden Augen. Kein Wunder, dass es sich nicht besonders wohl fühlt in seiner Haut. Da hört es ein lautes Geräusch. Über ihm, auf einem Ast, hockt ein kleiner Affe. Er schnattert aufgeregt und zeigt nach unten zum Sandmännchen. Was ist denn los? Ach, du meine Güte! Jorge, der Jaguar, hat sich angeschlichen: Er duckt sich zum Sprung!

Aber so leicht kriegt er das Sandmännchen nicht! Blitzschnell klettert es den nächsten Baum hoch und greift sich eine Liane. Und dann geht es los! Wie an einem Seil schwingt das Sandmännchen durch die Luft. Dann lässt es los und

im Flug packt es schon wieder eine neue Liane und immer so weiter. Die beste Art, im Dschungel zu reisen! Das geht schnell, das macht Spaß und der Jaguar kann bloß noch gucken.

An der kleinen Bucht am Fluss warten sie schon alle: Pedro, der Papagei, und Gilberto, der Gelbschnabel-Tukan, und Sandra, der Schmetterling, und die Schlange Sabrina und Carlo, der Kolibri. Sie machen sich Sorgen: Wo bleibt das Sandmännchen? Hier im Dschungel ist es gefährlich. Da wimmelt es nur so von giftigen Schlangen. Und außerdem schleicht Jorge ständig durchs Gebüsch und heckt etwas aus. Da kann man bloß hoffen, dass dem Sandmännchen nichts passiert ist. Doch da landet es direkt neben ihnen – als wäre es vom Himmel gefallen. Ach, wie sich alle freuen.

„Hallo, Sandmännchen“, zischelt Schlange Sabrina. „Schön, dass du da bist!“ Und Papagei Pedro krächzt: „Guten Flug gehabt?“ Auch Kolibri Carlo und Schmetterling Sandra begrüßen das Sandmännchen. Gilberto, der Gelbschnabel-Tukan, aber ruft plötzlich: „Aufgepasst, liebes Sandmännchen!“ Denn er hat den Jaguar erspäht – der alte Gauner kann es nicht lassen: Er hat sich wieder angeschlichen! Aber da holt das Sandmännchen seinen Beutel mit

Traumsand heraus. Eine Handvoll ins Gebüsch geworfen und schon wird Jorge müde! So müde! Viel zu müde, um noch irgendeine Schandtat auszuhecken. Er knurrt noch ein bisschen, schnurrt, streckt sich lang aus und schläft ein. Der richtet heute kein Unheil mehr an!

Das Sandmännchen greift abermals in seinen Beutel und streut Traumsand – diesmal für die anderen Tiere: Gleich flattern Carlo und Sandra zu einer riesigen Hibiskusblüte, in der sie es sich zum Schlafen bequem machen. Sabrina wickelt sich um einen Ast und Pedro und Gilberto bleiben einfach sitzen, wo sie sind. „Komm gut nach Hause, Sandmännchen!", krächzen sie und stecken ihre Köpfe unter die Flügel.

Das Sandmännchen aber pflückt nun ein paar große Blätter von einem Gummibaum und faltet ein kleines Boot daraus. Darauf fährt es in aller Seelenruhe den Fluss hinab! Bevor es verschwindet, dreht es sich noch einmal um und winkt: Schlaft gut, ihr Dschungeltiere!

Unser Sandmännchen - Ein Geschenk für die Mugis

Eine Raumkapsel schwirrt durchs All. An bunten Planeten schwebt sie vorüber. Es gibt ja so viele Planeten hier im All, in allen möglichen Farben: Lila, Grün und Gelb. Einer ist sogar gestreift wie ein Zebra und ein anderer hat rote Punkte. Hm, wie es aussieht, ist die Raumkapsel zum Planeten Mugi unterwegs. Tatsächlich: Von der Milchstraße biegt sie rechts ab und jetzt ist es zum Mugi nicht mehr weit. Wer sitzt denn da am Steuer? Ein kleiner Mann mit einem weißen Bart und einer Mütze. Aha, das Sandmännchen, es will die Mugis besuchen. Na, die werden sich freuen! So, jetzt ist der Planet schon zu sehen. Kannst du die kleinen Löcher erkennen, in denen die Mugis wohnen, und die Trompetenblumen, die hier wachsen? Die Raumkapsel senkt sich. Das Sandmännchen landet. Als es aussteigt, kommen die Mugis sofort angehüpft. „Hallo-liebes-Sandmännchen-wie-schön-dass-du-da-bist“, piepsen sie mit ihren hellen süßen Stimmchen.

Was hat denn das Sandmännchen in der Hand? Ein kleines Säckchen – was da wohl drin ist? Traumsand nicht, denn der Traumsandbeutel sieht anders aus, oder? Außerdem ist so ein klirrendes Geräusch zu hören, als das Sandmännchen das Säckchen schüttelt. Nein, Traumsand kann das nicht sein! Nun kippt das Sandmännchen den Inhalt des Beutels auf den Boden, und da machen die kleinen Mugis große Kulleraugen vor Staunen. Was ist denn das? Ja, das sind Murmeln, wunderschöne bunte Glasmurmeln, die hat das Sandmännchen ihnen zum Spielen mitgebracht. Aber wie geht das, mit Murmeln spielen? Du weißt es wahrscheinlich, aber die Mugis haben ja noch nie mit Murmeln gespielt, die wissen es natürlich nicht. Also: Erst einmal sucht das Sandmännchen ein kleines Loch im Boden. Nun kniet es sich ein paar Meter davor auf die Erde und dann schnippst es mit dem Finger eine Murmel an. Die kullert los, und kullert und kullert – genau ins Loch. Die Mugis klatschen begeistert. Wer hätte das gedacht, dass das Sandmännchen so ein toller Murmelspieler ist. Und jetzt wollen sie es natürlich auch alle ausprobieren!

Die Mugis sind mit Feuereifer bei der Sache. Immer besser treffen sie, aber schließlich pustet der große Obermugi in seine Trompetenblume: Tuuuut ertönt es laut. Das bedeutet: Schlafenszeit! Was? Jetzt schon? „Wir-wollen-noch-spielen", rufen die Mugis. Aber der Obermugi schüttelt den Kopf: „Jetzt-wird-geschlafen", verkündet er. Na gut, das Sandmännchen hilft den Kleinen, alle Murmeln einzusammeln. Die dürfen sie natürlich behalten. Danach zieht das Sandmännchen einen anderen Beutel aus der Tasche. Ja, das ist der Traumsandbeutel. Es streut eine Handvoll durch die Luft und den Mugis werden die Äuglein ganz schwer. Müde sind sie auf einmal.

Das Sandmännchen steigt in seine Raumkapsel. „Auf-Wiedersehen-liebes-Sandmännchen", piepsen die Mugis und der Obermugi bläst auf seiner Blumentrompete ein Abschiedslied. Als es zu Ende ist, drückt das Sandmännchen den Startknopf und seine Raumkapsel hebt ab. Gute Nacht, ihr kleinen Mugis! Schlaft gut und träumt was Schönes. Und morgen könnt ihr wieder mit den Murmeln spielen.

Unser Sandmännchen als Osterhase

Stell dir einmal vor, es ist Ostern und der Osterhase kommt nicht. Das ist gemein, oder? Aber genauso geht es Lukas und seiner Schwester Julia. Die beiden warten schon den ganzen Tag auf den Osterhasen. Denn ohne den Osterhasen gibt es natürlich keine Ostereier – das ist ja wohl klar. Und auf die Ostereier freuen Lukas und Julia sich schon fast seit Weihnachten. Ob der Osterhase sie vergessen hat? „Vielleicht denkt er ja, morgen ist erst Ostern“, überlegt Lukas. Irgendeinen Grund muss es ja geben. Aber egal, was der Grund ist: Lukas und Julia sind furchtbar traurig. Sie haben sich doch so auf die Ostereier gefreut!

Plötzlich fällt Julia etwas ein. Oh Schreck! Die ganze Zeit haben sie an den Osterhasen gedacht, aber ihre eigenen Hasen haben sie ganz vergessen. Ja, Lukas und Julia haben nämlich jeder zwei Häschen. Und um die müssen sie sich kümmern! Sie wohnen hinten im Garten, in ihrem

Stall, und bestimmt haben sie schon Hunger. Die Armen! Normalerweise bekommen sie Löwenzahn von der Wiese hinterm Haus, aber heute ist zum Pflücken keine Zeit. Dafür gibt es nun Karotten. Die Häschen knabbern eifrig daran. Die Karotten schmecken gut!

Als sie satt sind, lassen Lukas und Julia sie aus dem Stall und die Hasen hoppeln fröhlich im Gras herum. Lukas und Julia sehen ihnen zu und dabei werden sie wieder traurig. Lukas seufzt: „Ich glaube, der Osterhase kommt heute nicht mehr!" Julia nickt. Langsam kullert ihr eine dicke Träne über die Wange. Doch plötzlich biegt ein kleiner Mann mit einem weißen Bart um einen Busch und kommt auf sie zu. „Das Sandmännchen!", ruft Lukas. „Hallo, liebes Sandmännchen!"

Tatsächlich! Es ist das Sandmännchen. Aber was trägt es in der Hand? Das ist ein Korb mit bemalten Eiern drin. Auf einmal ist Lukas und Julia alles klar: Heute bringt das Sandmännchen die Ostereier und nicht der Osterhase!

Du willst wissen, warum? Na, ganz einfach: Der Osterhase hat an Ostern ziemlich viel zu tun, das kannst du dir ja denken. Deshalb hat er das Sandmännchen gebeten, das Osternest für Lukas und

Julia mitzunehmen. „Hurra!“, jubeln die beiden, als sie die wunderschönen Eier sehen. „Dürfen wir eines essen?“

Natürlich! Das Sandmännchen nickt. Dafür sind sie doch da! Jeder der beiden nimmt ein Ei. Oh, wie schön die bemalt sind – fast zu schade zum Essen. Aber dann können Lukas und Julia doch nicht widerstehen! Mmh, schmecken die Ostereier lecker!

Nun holt das Sandmännchen seinen Beutel mit Traumsand hervor und streut – pling pling – eine Handvoll durch die Luft. Da werden die Kinder müde. Ihre Häschen auch. Lukas und Julia tragen sie zu ihren Ställen, wo sie gleich einschlafen. Auch die Kinder verabschieden sich: „Gute Nacht, liebes Sandmännchen. Und vielen Dank für das Osternest!“

Das Sandmännchen winkt ihnen hinterher, als sie im Haus verschwinden. Gleich morgen früh werden sie wieder Ostereier essen! Aber vorher müssen sie schlafen. Gute Nacht, ihr zwei! Schlaft gut und träumt was Schönes!

Unser Sandmännchen besucht Kapitän Konrad

Konrad und Ulrike haben Sommerferien. Die verbringen sie bei ihrem Opa auf einer Insel. Kann man sich etwas Schöneres vorstellen? Ihr Opa ist Fischer. Er hat einen alten Kutter, der Isabella heißt. Und mit der Isabella fahren sie jeden Morgen aufs Meer hinaus und fangen Fische. Manchmal darf Konrad steuern. Das kann er schon gut. Später möchte er vielleicht auch einmal Fischer werden, wie sein Opa. Am Nachmittag, wenn sie genug Fische gefangen haben, fahren sie zurück und Opa verkauft die Fische. Konrad stellt sich dann vor, einmal ganz allein mit der Isabella aufs Meer hinauszufahren, wie ein richtiger Kapitän. „Kapitän Konrad", das klingt toll, findet er. Aber jetzt ist er dafür noch zu klein. Oder?

Auf einmal kommt ein Mann mit einem weißen Bart zur Isabella. Das ist ja … „Hallo, Sandmännchen!", begrüßen Konrad und Ulrike den Besucher. Aber so früh? Es ist ja erst Nachmittag. „Möchtest du vielleicht Fische kaufen,

liebes Sandmännchen?“, fragt Konrad. „Die sind heute leider schon alle.“ Doch sein Opa meint schmunzelnd: „Ich glaube nicht, dass das Sandmännchen Fische kaufen will. Ich glaube, es will mit euch hinausfahren.“ „Hinausfahren?“, wundert sich Ulrike. Aber Konrad versteht, was sein Opa meint. Darf das wirklich wahr sein? Ja! Denn im nächsten Moment steigt das Sandmännchen an Bord, und ihr Opa geht an Land und macht die Leine los. „Ahoi, Kapitän Konrad!“, ruft er. „Pass mir gut auf die Isabella und die kleine Ulrike auf.“

„Alles klar“, sagt Konrad, aber seine Stimme zittert ein bisschen vor Aufregung. Er kann es kaum glauben: Jetzt ist er der Kapitän auf der Isabella. Zum Glück kennt die alte Isabella den Weg aus dem Hafen und aufs Meer hinaus, den könnte sie fast im Schlaf fahren. Und außerdem steht das Sandmännchen neben Konrad und passt genau auf, dass er alles richtig macht. Wie ist das schön! Ruhig brummt der Motor und die Wellen schaukeln sie sanft. Eine leichte Brise wuschelt ihnen durch die Haare. Konrad lässt seinen Blick über das wei-

te Meer schweifen. Er fühlt sich wie ein richtiger Kapitän. Die Sonne geht langsam unter. Sie wirft rote Funken auf das Wasser. Da nimmt Kapitän Konrad wieder Kurs auf den Hafen.

Opa wartet schon am Kai. Ein bisschen Sorgen hat er sich gemacht, obwohl gar nichts passieren konnte – das Sandmännchen war ja an Bord. Das wirft nun die Leine und Opa fängt sie auf und schlingt sie um den Poller. So, nun ist die gute alte Isabella sicher vertäut. Kapitän Konrad und seine beiden Passagiere gehen an Land! „Danke, Opa! Das war toll, dass ich Kapitän sein durfte." Der alte Fischer lächelt. Er kann sich noch gut daran erinnern, wie er als Junge zum ersten Mal allein hinausfahren durfte.

Inzwischen ist es spät geworden. Das Sandmännchen öffnet seinen Beutel mit Traumsand und streut – pling pling – eine Handvoll durch die Luft. Die Kinder verabschieden sich von ihm. Dann gehen sie mit ihrem Opa zu dem kleinen Haus am Hafen, in dem er wohnt. Es war ein schöner, langer Tag. Und Fischer stehen früh auf! Gute Nacht, alle miteinander! Schlaft gut und träumt schön.

Unser Sandmännchen im Zoo

Golo und Gerda stehen in ihrem Gehege und recken die Hälse. Golo und Gerda sind zwei Giraffen und deshalb haben sie sehr lange Hälse! Aber so lang sind sie auch wieder nicht, dass sie bis zu Erichs Eisstand reichen. Erich ist Eismann und er hat leckeres Eis! Golo und Gerda wünschen sich so sehr, es einmal probieren zu dürfen! Da sehen sie einen Jungen, der auf den Eisstand zugeht. Das ist Ben. Er ist schon den ganzen Tag im Zoo und hat sich viele Tiere angesehen; die Giraffen fehlen ihm aber noch. Außerdem ist er hier verabredet. Aber vorher will Ben sich noch ein Eis kaufen. „Was darf's denn sein?", fragt Erich, der Eismann. „Eine Kugel Erdbeereis und eine Kugel Schokoladeneis, bitte", sagt Ben.

Golo und Gerda, die beiden Giraffen, beobachten ganz genau, wie Erich die Eiskugeln auf die Waffel drückt: Erst das Schokoladeneis, dann das Erdbeereis. Und nun kommt Ben mit dem Eis auf ihr Gehege zu!

EIS

Als er vor ihnen steht, beugt Golo seinen langen Hals hinunter – bis sein Maul genau vor dem Eis ist. „Willst du mal lecken?", fragt Ben. Golo nickt, aber Ben zögert, denn Zootiere darf man ja eigentlich nicht füttern. Doch nun senkt auch Gerda ihren Kopf und blickt Ben treuherzig an – fast wie sein kleiner Hund zu Hause.

„Na gut!" Ben gibt nach. Er hält den beiden Giraffen sein Eis vor die Mäuler. Zuerst leckt Gerda, dann Golo. Mmh! Lecker! Genießerisch verdreht Gerda die Augen. Und Golo wackelt vor Begeisterung mit den Ohren.

Auf einmal fällt Ben seine Verabredung wieder ein! Langsam wird es Zeit, oder? Und genau in dem Moment kommt jemand – mit einer Karre voller Bananen, Karotten, Äpfel und Salat. Wer? Na, das Sandmännchen natürlich! Und wozu das Obst und das Gemüse? Das ist das Abendessen für die Zootiere! Aber Golo und Gerda – die haben heute keine Lust auf Obst und Gemüse. Die haben Lust auf Eis! Und als Ben das Sandmännchen begrüßt und einen Moment nicht aufpasst, da können die beiden nicht widerstehen: Haps – hat Gerda sich die Kugel Schokoladeneis geschnappt. Noch einmal haps –

das war Golo: Nun ist das Erdbeereis auch weg. Ben hält eine leere Waffel in der Hand. „Ihr Schlingel!", ruft er. Als er sieht, wie glücklich Golo und Gerda aussehen, muss er zwar lachen, aber ein bisschen enttäuscht ist er doch: Sein ganzes Eis ist weg!

Erich hat alles gesehen. „Kommt mal her", ruft er und winkt Ben und das Sandmännchen zu sich. Er will seinen Stand gleich schließen und hat noch ein bisschen Eis übrig – Erdbeere und Schokolade. Das will er Ben und dem Sandmännchen nun schenken. Kann man sich so etwas vorstellen! „Vielen Dank, Herr Eismann", freut sich Ben, als er eine neue Waffel mit Erdbeereis und Schokoladeneis bekommt. Auch das Sandmännchen ist begeistert. Als es mit seinem Eis fertig ist, öffnet es den Beutel mit dem Traumsand. Pling pling – eine feine, weiße Wolke schwebt durch die Luft. Golo und Gerda fallen die Augen zu. Sie werden heute Nacht von Eis träumen, so viel steht fest. Auch Erich und Ben sind müde und verabschieden sich: „Auf Wiedersehen, liebes Sandmännchen!"

Das Sandmännchen winkt ihnen zum Abschied: Schlaft gut! Aber Zähneputzen nicht vergessen!

Unser Sandmännchen auf der Baustelle

Seit einigen Wochen gibt es neben dem Haus von Jonas und Tim eine große Baustelle. Drum herum steht leider ein großer Zaun. Die Kinder können deshalb nicht genau sehen, was dort passiert. Dabei sind sie sooo neugierig. Lediglich den großen Kran in der Mitte kann man auch von Weitem sehen.

Oft stehen sie am Zaun und beobachten, wie der Kran sich dreht und schwere Lasten nach oben zieht und wieder herunterlässt. Auf der Baustelle ist es ziemlich laut und die Bauarbeiter müssen schreien, um sich untereinander zu verstehen.

Jonas und Tim haben ein kleines Auto mitgebracht und spielen ebenfalls Bauarbeiter. Wie gern würden sie einmal auf die andere Seite sehen. Aber um auf den Zaun zu klettern, sind sie noch zu klein. Und außerdem haben Mama und Papa es verboten. Immer wieder haben sie gesagt, dass sie nicht auf die Baustelle gehen dürfen, weil

es da viel zu gefährlich sei.

„Brumm, brumm", macht Tim mit seinem rot-blauen Auto und Jonas gibt Anweisungen:

„Hier lang!" oder „Stehen bleiben!"

Als sie so mitten im Spiel sind, gibt es plötzlich ein lautes Geräusch. Es kommt von der Baustelle: „Krch, krch" macht es und noch einmal „krch, krch".

Erschrocken schauen die Jungs auf, um zu sehen, wie plötzlich der Baustellenzaun durchbrochen wird! Das ist ja ein Ding!

Aus sicherer Entfernung beobachten sie, was dann geschieht: Ein kleiner Mann steigt aus einem Bagger, besieht sich die Lücke im Zaun und spannt ein rot-weißes Absperrband davor, sodass jeder sofort weiß, dass man dort nicht hindurchgehen darf.

„Mensch, der Baggerfahrer ist doch das Sandmännchen!", ruft Jonas zu Tim.

„Ja, das Sandmännchen!", antwortet Tim erstaunt. „Ich hätte nie gedacht, dass es auch auf der Baustelle arbeitet."

Das Sandmännchen will gerade wieder auf seinen Bagger steigen, als es die Kinder hört, die ihm aufgeregt

hinterherrufen: „Warte doch, liebes Sandmännchen!“

Und tatsächlich: Es dreht sich kurz um, hebt die Hand zum Gruß und lächelt.

Und weil in dem Zaun jetzt die große Lücke klafft, können Jonas und Tim nun alles sehen, was auf der Baustelle sonst noch passiert. Toll!

Auf dem Heimweg meint Tim: „Morgen kommen wir wieder her, oder?“

„Na klar!“, antwortet Jonas freudestrahlend. Und etwas leiser sagt er: „Vielleicht ist ja das Sandmännchen auch wieder da. Das wäre wunderbar.“

Unser Sandmännchen im Orient

Kennst du schon die fantastischen Märchen aus dem Orient? Vielleicht hast du ja schon von der klugen Scheherazade gehört, die dem Sultan Scheherban während tausendundeiner Nacht viele, viele Märchen erzählte?

Das Sandmännchen jedenfalls liebt diese Märchen und bringt sie manchmal den Kindern als Gutenachtgeschichte mit. Und weil sie auch den Kindern so sehr gefallen, beschließt das Sandmännchen, in den Orient zu fliegen und Scheherazade ein Geschenk zu bringen, als Dankeschön. Dazu benutzt es seinen fliegenden Koffer. Für so eine lange Reise ist der Zauberkoffer gerade richtig, denn er fliegt geschwind und doch hat man unterwegs eine prima Aussicht.

Gleich nachdem es in Sultan Scheherbans Reich angekommen ist, macht sich das Sandmännchen auf die Suche nach Scheherazade. Dazu hat es sein Fernrohr dabei, mit dem es in die Fenster der Häuser sieht, denn es weiß

nicht genau, in welchem Haus Scheherazade wohnt. Die Märchen hat sie nämlich schon vor langer Zeit erzählt und inzwischen ist sie vielleicht umgezogen.

Irgendwann landet das Sandmännchen vor dem Palast des Sultans. Die Wächter sind sehr erstaunt, denn sie haben noch nie einen fliegenden Koffer gesehen. Aber sie sind auch freundlich zum Sandmännchen und verraten ihm, wo es Scheherazade finden kann: Sie lebt tatsächlich in dem prächtigen Palast, als Frau des Sultans! Allerdings erhalten nur wenige die Erlaubnis, den Palast zu betreten.

Das Sandmännchen aber muss nicht lange warten, bis es eingelassen wird. Schließlich erhält auch Scheherazade nicht jeden Tag solch ungewöhnlichen Besuch. Das Sandmännchen bedankt sich im Namen aller Kinder für ihre wunderschönen Märchen, indem es Scheherazade ein dickes, mit Gold verziertes Buch überreicht. Die Sultanin lächelt bezaubernd und errötet sogar ein wenig. Sie wusste gar nicht, dass die Kinder im fernen Deutschland ihre Märchen genauso lieben wie die Kinder im Orient. Aufmerksam betrachtet sie ihr Geschenk und liest:

Die schönsten Märchen der Gebrüder Grimm.

„Die kenne ich noch gar nicht!“, ruft Scheherazade erfreut. „Vielen, vielen Dank!“

Dann lädt sie das Sandmännchen zu Tee und Süßem, aus leckerem Blätterteig und Honig, ein. Das Sandmännchen nascht etwas zu viel und muss aufpassen, dass es keine Bauchschmerzen bekommt.

Da es nun schon Abend wird, nimmt es sein Traumsandsäckchen zur Hand, das ganz tief unten im Koffer liegt, und streut seinen Traumsand. Die Menschen, über deren Häuser es lautlos hinwegfliegt, werden heute Nacht honigsüße Träume erleben. Versprochen!

Unser Sandmännchen auf Stadtrundfahrt

Es ist sieben Uhr am Abend; die Kirchturmglocke ertönt sieben Mal hintereinander. In der kleinen Stadt ist es jetzt ganz ruhig, die Straßen sind fast menschenleer. Noch sitzen viele Kinder vor dem Fernseher, denn soeben hat sich dort das Sandmännchen verabschiedet. Einige Kinder halten sich die Augen zu, denn sie wollen auf keinen Fall, dass auch nur ein klitzekleines Körnchen Traumsand in ihre Augen fällt.

Nun aber ist das Sandmännchen in sein hellblaues Auto gestiegen und davongefahren. Nur – wohin eigentlich? Das hat sich auch Paulchen schon so manches Mal gefragt: Wohin verschwindet der Sandmann, nachdem er den Kindern seinen Gutenachtgruß überbracht hat? Doch nie hat Paulchen eine Antwort darauf gefunden. Hat das Sandmännchen eigentlich ein Zuhause oder ist es immer unterwegs? Es gibt ja sooo viele Kinder auf der Welt und alle gehen zu verschiedenen Zeiten ins Bett, denn wenn

SAN-10

bei uns früher Morgen ist, ist auf der anderen Seite der Erde gerade Abend.

Als Paulchen nun aus dem Fenster sieht, tuckert ein kleines hellblaues Auto vorbei. Paulchen wundert sich über den Fahrer des Autos, denn er trägt einen roten Mantel und eine rote Mütze, ganz genau wie das Sandmännchen, das er soeben im Fernsehen gesehen hat.

Merkwürdig, denkt er sich und holt schnell sein Fernglas, damit er besser sehen kann. „Donnerwetter! Es ist ja wirklich das Sandmännchen." Fröhlich winkt Paulchen ihm vom Fenster aus zu. Und siehe da, es winkt zurück!

Gleich will er seinem Bruder davon erzählen und ruft laut: „Carlo, komm schnell. Sieh mal, wer da draußen ist."

Aber als Carlo endlich kommt, ist vom Sandmännchen weit und breit nichts mehr zu sehen. Paulchen erzählt trotzdem, wen er gerade gesehen hat, doch sein großer Bruder glaubt ihm natürlich kein Wort.

„Ach Mann!", ärgert sich Paulchen. „So ein Pech!"

Nur der Kater Ferdinand, der gerade die Straße entlang schleicht, hat das Sandmännchen auch gesehen.

Und es scheint Paulchen, als würde Ferdinand ihm verschwörerisch zublinzeln. Kann das sein?

Paulchen nimmt sich jedenfalls ganz fest vor, beim nächsten Mal flugs ein Foto zu machen. Wann das Sandmännchen wohl wieder in unsere Stadt kommt?, fragt er sich voller Vorfreude.

Vielleicht fährt das Sandmännchen ja auch an deinem Haus vorbei? Und wenn du in diesem Moment aus dem Fenster siehst, dann träumst du später in der Nacht etwas besonders Schönes.

Das Sandmännchen bereitet sich dann schon auf seine nächste Reise vor. Dabei denkt es an die Kinder und freut sich, dass sie friedlich schlafen.

Unser Sandmännchen als Lokomotivführer

Lukas hat einen sehnlichen Wunsch: Schon lange möchte er mit der Kindereisenbahn im Park fahren, ganz allein, ohne Mama oder Papa. Immer wieder fragt er: „Wann darf ich endlich mit dem Zug fahren?" Doch immer antwortet Mama: „Ach, Lukas! Du bist noch zu klein." Dann sagt er trotzig: „Ich bin nicht klein. Ich bin schon groß!"

Und Lukas gibt nicht auf. Immer wieder bettelt er: „Bitte, bitte. Nur ein einziges Mal." So geht das tage-, wochen-, monatelang, bis, ja, bis die Mutter eines Tages eine große Überraschung verkündet: Endlich, heute darf Lukas allein Parkeisenbahn fahren, zum allerersten Mal! Juchuuu! Schnell setzt sich Lukas noch seine blau-rot gestreifte Abenteuermütze auf, die bei allen tollen Ausflügen dabei sein muss. Dann kann es auch schon losgehen.

Mama fährt mit ihm zum Bahnhof der Kindereisenbahn, dort steht die Dampflokomotive bereit. Doch seltsam: Warum gibt es heute nur einen bunten Waggon? Wo sind die

anderen Kinder, die auch mitfahren wollen?

Als Lukas den Lokführer bemerkt, kommt er aus dem Staunen nicht heraus: Das Sandmännchen! Kann das wirklich wahr sein? Aber ja! Mit einer einladenden Geste zeigt es auf Lukas: Er ist heute der einzige Fahrgast.

Lukas strahlt über das ganze Gesicht und fragt ungläubig: „Wirklich? Ich ganz allein?“ Das Sandmännchen nickt freundlich. „Das habe ich mir so sehr gewünscht“, jubelt Lukas und steigt in den Wagen. Noch einmal dreht er sich um und winkt Mama zu. Etwas seltsam ist ihm dabei schon zumute, denn so ganz allein war er noch nie unterwegs. Aber das Sandmännchen ist ja dabei, das passt bestimmt gut auf ihn auf. Und schon geht es los!

Dichter Rauch steigt aus dem Schornstein der Lokomotive, die laut „Tsch, tsch, tsch, tsch“ pustet. Lukas sieht nach links, dann nach rechts und merkt bald, dass sie den Park verlassen haben. Sie dampfen vorbei an Wiesen und Feldern, auf denen Rehe stehen. Immer, wenn sie an einem Bahnübergang vorbeifahren, winken ihnen die Menschen zu und das Sandmännchen winkt freundlich zurück, Lukas natürlich auch.

Dann, hinter einer langen Kurve, sieht er plötzlich ganz andere Tiere: Elefanten und Giraffen. Wie kann das denn sein? Sind sie etwa in Afrika oder träumt er nur …? Egal! „Hui, ist das aufregend!“, jauchzt Lukas. Und so fahren sie weiter, gelangen – wie auf Zauberschienen – von den Savannen Afrikas zu den Urwäldern Südamerikas, sehen Wüsten und Eisberge und vor allem viele fremde Tiere. Sie fahren so schnell, dass Lukas immer nur einen kurzen Blick erhaschen kann. Unglaublich!

In diesem Moment verliert die Eisenbahn an Fahrt und kommt allmählich zum Stehen, zurück auf dem Bahnsteig der Parkeisenbahn. Lukas strahlt über das ganze Gesicht.

Mama wartet auf ihn, sie breitet die Arme aus und Lukas läuft schnell zu ihr. „Mama, Mama“, ruft er atemlos, „was wir Tolles gesehen haben! Löwen und Affen und richtige Eisbären … ich muss dir alles erzählen!“ Doch da zeigt sich plötzlich ein Gähnen auf seinem Gesicht. Inzwischen ist es Abend geworden und das Sandmännchen hat seinen Traumsand gestreut. Macht nichts, dann berichtet Lukas eben morgen weiter. Er winkt dem Sandmännchen zum Abschied und geht glücklich nach Hause.

Oskar hat Geburtstag

Heute ist Oskars Geburtstag. Sechs Jahre wird er alt. Er hat seine Freundinnen Sarah und Tine eingeladen. Sie freuen sich riesig, dass sie bei Oskars Geburtstag dabei sein dürfen, und haben Geschenke mitgebracht: Sarah ein dickes Buch mit vielen Bildern und Tine ein lustiges Kartenspiel. Oskars Mutter hat sich eine Überraschung ausgedacht. Immer wieder fragt Oskar: „Was ist es denn?" Aber sie verrät es nicht.

„Kannst du mir nicht einen klitzekleinen Tipp geben?", bettelt Oskar. „Eine Rennbahn oder vielleicht ein Computerspiel?", rätselt er, doch die Mutter lächelt nur.

Am Nachmittag essen die Kinder Kuchen und trinken Limonade. Dann spielen sie in Oskars Zimmer. Irgendwann sagt die Mutter: „So, jetzt ziehen wir uns an und gehen nach draußen."

„Nach draußen?", wundern sich die Kinder.

„Aber warum denn? Hat es mit meiner Überraschung zu tun?“, fragt Oskar.

Im Garten hinter dem Haus gibt es eine Feuerstelle, an der sie manchmal Lagerfeuer machen und Stockbrot, Kartoffeln oder Würste braten. Genau da führt sie die Mutter hin. Jetzt ist sich Oskar ganz sicher, dass das Lagerfeuer etwas mit seiner Überraschung zu tun hat. Als sie ankommen, ist schon alles vorbereitet. Das Holz ist aufgeschichtet, Würste und Stockbrot liegen bereit. Auch eine riesige Schüssel mit Nudelsalat ist schon fertig. „Lecker!“, ruft Oskar und auch Sarah und Tine sind begeistert. Jeder bekommt einen Stock und darf sich etwas zum Rösten aussuchen. Oskar nimmt eine Wurst, Sarah ein Stockbrot, um es über dem Feuer zu bräunen.

Hmm, wie gut das duftet! Während das Holz im Feuer lustig knackt, fangen die Kinder an zu singen. Oskar ist sehr glücklich über diese tolle Überraschung. Sie ist viel schöner als eine Rennbahn und auch schöner als ein Computerspiel! So viel Spaß hatte er schon lange nicht mehr!

Doch das ist noch nicht alles. Ganz plötzlich tritt noch ein Gast zu ihnen ans Lagerfeuer. Er trägt eine rote Jacke und eine rote Mütze und winkt ihnen zur Begrüßung freundlich zu. Die Kinder sind zuerst erstaunt, dann jubeln sie: „Hurra, das Sandmännchen!“

Jeden Abend sieht Oskar das Sandmännchen im Fernsehen, wie es den Kindern überall auf der Welt eine Gutenachtgeschichte bringt und seinen Traumsand verstreut. Und jeden Abend wünscht sich Oskar, das Sandmännchen selbst einmal kennenzulernen. Und nun ist es tatsächlich hier!

Das Sandmännchen setzt sich zu ihnen ans Lagerfeuer und gemeinsam lauschen sie der Geschichte, die es mitgebracht hat.

Das ist wirklich der beste Geburtstag aller Zeiten, darin sind sich Oskar, Sarah und Tine einig.

Wie hat Mama das nur gemacht?, fragt sich Oskar. Doch das bleibt ihr Geheimnis.

Unser Sandmännchen am Ostseestrand

Die Zwillinge Ben und Tina haben sich seit Monaten auf die Sommerferien gefreut. Mit ihren Eltern und dem großen Bruder Max machen sie nun Urlaub an der Ostsee.

Schon am ersten Morgen eilen sie zum Strand, sie wollen den besten Platz für ihre Sandburg aussuchen. Die Sonne scheint am wunderbar blauen Himmel und auf dem Meer kräuseln sich kleine Wellen. Ben und Tina packen ihre Förmchen, Eimer und Schaufel aus. Währenddessen macht es sich Max unter seinem kleinen Sonnenschirm bequem. Auch Ben und Tina haben einen Sonnenschirm dabei, denn sie wissen, dass man sich vor der heißen Sommersonne schützen muss.

„Max, willst du uns nicht helfen?", rufen Ben und Tina und beginnen, emsig im feinen Sand zu buddeln. „Ach nö", antwortet Max. „Ich hab heut keine Lust, ich will lieber in der Sonne liegen." – „Na gut, dann aber nächstes Mal, ja?" Ben und Tina sind enttäuscht, aber sie bauen auch ohne

die Hilfe von Max eine tolle Sandburg. Sie hat sogar richtige Zinnen, Türmchen und kleine Fenster. Max schaut währenddessen auf das Meer hinaus und beobachtet die Segelboote. Da sieht er in der Ferne ein Segelboot, das näher und näher zu kommen scheint. Er beobachtet es eine Weile, bis es vor Anker geht und ein kleines Ruderboot heruntergelassen wird. Irgendetwas Rotes sitzt in der Mitte des Bootes, das auf den Strand zusteuert. Nun merkt Max, dass ihm vom vielen Beobachten die Augen schmerzen. Leider hat er seine Sonnenbrille vergessen und schon zu lange in das helle Sonnenlicht geblickt. So schließt er die Augen, streckt sich auf seinem Handtuch aus und beginnt zu träumen.

Doch es dauert nicht lange und er wird unsanft geweckt. Ben und Tina rufen aufgeregt: „Max, Max! Wach auf! Sieh doch mal, wer da ist!“

Etwas verärgert öffnet Max die Augen, denn im Traum hat er gerade eine riesige Portion Schokoladeneis gegessen. Aber was ist das? „Träum ich etwa noch?“, wundert sich Max. Der rote Punkt, den er vorhin im Ruderboot gesehen hat, steht jetzt in voller Größe hier am Strand, direkt neben Ben und Tina. Es ist … das Sandmännchen!

„Donnerwetter!", ruft Max und kneift sich in den Arm. Nein, er träumt nicht. Das ist das echte Sandmännchen! Und es hat sogar ein Geschenk dabei. Vom Boot aus hat es nämlich Bens und Tinas prächtige Sandburg gesehen. Für die hat das Sandmännchen ein kleines grün-violettes Fähnchen mitgebracht. Das Sandmännchen verschenkt so ein Fähnchen bestimmt nicht jeden Tag!

Während Ben und Tina mächtig stolz sind, sieht Max etwas verlegen aus. Statt an der Sandburg mitzubauen, hat er sich ausgeruht. Aber auch dafür muss Zeit sein, findet Max. Da fällt ihm auf, dass die Burg mit einem Wassergraben ringsherum noch echter aussehen würde. Gerade jetzt, wo sie so ein hübsches Fähnchen hat.

Ben und Tina sind begeistert von der Idee. Gemeinsam vollenden sie schnell ihr Werk. Das Sandmännchen schaut den Geschwistern eine Weile zu und lächelt zufrieden. Dann steigt es in sein Boot und setzt Segel. Schnell winkt es zum Abschied, bevor ein kräftiger Wind das Boot davonträgt.

Unser Sandmännchen geht angeln

Endlich ist der Winter vorbei. Michel und Lotte warten sehnsüchtig darauf, mit ihrem kleinen roten Kanu über den Fluss paddeln zu dürfen. Beide sind begeisterte Kanufahrer und in diesem Jahr wollen sie unbedingt an ihrem ersten Wettkampf teilnehmen. Wer weiß, vielleicht gewinnen sie ja? Dafür müssen sie nun viel trainieren, denn im Winter war der Fluss fast immer vereist und das Befahren streng verboten. Es gilt, keine Zeit zu verlieren.

Doch zunächst muss Papa das Kanu überprüfen und schauen, ob auch alles sicher ist und nicht etwa Wasser einlaufen kann, weil irgendwo ein Leck ist. Zum Glück ist alles ganz! Er streicht es nur frisch an, bevor er wasserfesten Bootslack aufträgt. Jetzt sieht das kleine Boot richtig toll aus, fast wie neu. Fertig getrocknet, tragen es Lotte und Michel zusammen über Kopf bis zum Fluss. An der Anlegestelle lassen sie es vorsichtig ins Wasser und binden es fest, damit es nicht wegtreiben kann. Jetzt nehmen sie ihre Plätze ein:

Lotte sitzt vorn und Michel hinten. Dann löst Lotte die Leine und es kann losgehen: Eins, zwei, eins, zwei. Rhythmisch schlagen die Paddel ins Wasser und das Boot gleitet – gegen die schwache Strömung – ruhig dahin. Während die Kinder paddeln, hören sie am Ufer Frösche quaken. Die Fische nehmen schnell Reißaus, wenn sie die Spitze des Kanus sehen.

Wie frisch die Luft hier draußen ist! Es weht ein leichter Wind, aber dennoch ist es warm. Es dauert eine Weile, bis das Kanu langsamer wird und Michel zu Lotte sagt: „Lass uns zurückpaddeln. Meine Arme tun schon weh."

Mit einigen kräftigen Schlägen und einem geschickten Manöver wenden sie das Boot in die entgegengesetzte Richtung. Nun, mit der Strömung, nehmen sie wieder Fahrt auf. Kurz vor dem Ziel fällt ihnen etwas auf: Ein Angler sitzt allein in einem Ruderboot am Steg. Die Kinder wundern sich, denn normalerweise angelt hier niemand. Außerdem braucht man dafür eine Erlaubnis, einen Angelschein. Ob der Mann den hat? Und wer ist das eigentlich? Lediglich einen roten Mantel und eine rote Zipfelmütze können Lotte und Michel erkennen.

Als sie näher kommen, rufen sie leise: „Hallo!", denn sie brauchen etwas Platz, um an der Anlegestelle ihr Kanu festzumachen. Da dreht sich der Angler um und was glaubt ihr, wen Michel und Lotte da sehen?

Ja, es ist das Sandmännchen! Die Kinder freuen sich riesig, denn wer möchte nicht einmal das Sandmännchen kennenlernen? Gleich stellen sie ihm viele Fragen.

Doch das Sandmännchen lächelt nur sanft und hält sich den Zeigefinger vor den Mund. Das bedeutet „Psst!". Lautes Reden vertreibt nämlich die Fische. Und das Sandmännchen hätte so gern, dass wenigstens ein Fischlein anbeißt. Also klettern die Kinder so leise wie möglich aus ihrem Boot zurück an Land. Auf dem Heimweg drehen sie sich immer wieder um und winken dem Sandmännchen zu. „Hoffentlich angelt es auch morgen wieder an dieser Stelle", wünschen sie sich ganz fest.

Als sie fast zu Hause sind, sagt Michel zu Lotte: „Jetzt haben wir das Sandmännchen gar nicht gefragt, ob es einen Angelschein hat." Aber Lotte meint augenzwinkernd: „Das Sandmännchen braucht sicher keinen Angelschein!"

„Wahrscheinlich hast du recht, Lotte. Das Sandmännchen kennt jeder, es darf bestimmt überall angeln." Und fröhlich kichernd laufen beide Kinder nach Hause.

Siehst du das Sandmännchen?

Der Sandmann ist ein guter Freund der Kinder. Am Abend, wenn sie im Bett liegen, schaut er in ihre Fenster. Und wenn er sieht, dass sie nicht schlafen können, streut er ihnen Traumsand in die Augen. Dann schlafen sie ganz schnell ein und am nächsten Morgen wundern sie sich, dass der Schlaf so plötzlich gekommen ist.

Heute Abend kann Felix nicht einschlafen. Er ist sehr aufgeregt, denn morgen ist sein erster richtiger Schultag. Schon lange freut er sich darauf, endlich ein Schulkind zu sein. Zum Schulanfang hat er eine riesige Zuckertüte bekommen. Neue Buntstifte waren darin, ein Lineal, ein Anspitzer, ein Radiergummi, mehrere Bleistifte und Hefte, drei Tafeln Schokolade und ein kleiner rundlicher Teddybär, der den Namen Paul bekommen hat.

Felix denkt die ganze Zeit nach, wie es in der Schule sein wird, ob man da auch spielen kann und ob er neue Freunde findet. Aus seinem Kindergarten kommen

Michel und Leo in seine Klasse, sein bester Freund Rico wird in eine andere Klasse gehen, deshalb ist Felix etwas traurig, aber in der Pause kann er bestimmt mit Rico spielen.

Außerdem erinnert sich Felix an die neue Schulbank, an der er schon einmal sitzen durfte. Und seine Klassenlehrerin, Frau Kunert, findet er ziemlich nett. Ihm fallen immer mehr gute Dinge ein, aber einschlafen kann er dabei nicht. Er ist einfach zu aufgeregt.

Dabei möchte Felix aber endlich schlafen, denn Mama hat gesagt, dass Schulkinder sehr früh aufstehen müssen. Doch der Schlaf will einfach nicht kommen. Also schleicht er sich zu seiner kleinen Schwester Hanna und schaut, ob sie auch nicht schlafen kann. Hanna ist tatsächlich wach und schaut ihn mit großen Augen an, als hätte sie auf ihn gewartet. Da spielen die beiden im Bett „Liederraten". Einer summt eine Melodie und der andere muss erraten, welches Lied gemeint ist. Als sie schon ganz viele Lieder geraten haben und ihnen keines mehr einfällt, sind sie noch immer nicht richtig müde. Was nun? Vielleicht Geschichten erzählen oder …?

Felix fällt ein, dass er vorhin im Fernsehen

den Sandmann gesehen hat und überlegt, ob er Hanna eine Geschichte von einer der vielen Reisen des Sandmännchens erzählen soll. Doch als er ihr das vorschlagen möchte, bemerkt er, dass sie längst eingeschlafen ist und träumt.

So hängt Felix weiter seinen Gedanken nach, und während er sich den Sandmann vorstellt, wie er ihnen zum Abschied gewinkt hat, geschieht etwas Seltsames: An seinem Fenster schwebt in einem regenbogenfarbenen Heißluftballon der Sandmann vorbei. „Hallo, lieber Sandmann!“, ruft Felix aufgeregt und winkt dabei.

Und siehe da: Der Sandmann winkt ihm zurück. Er hat Felix wirklich gesehen! Felix wundert sich: Kann das tatsächlich sein oder träume ich schon? Ob andere ihn auch sehen können? Am liebsten würde er seine Schwester fragen, doch er möchte sie nicht wecken.

So stellt sich Felix die vielen Länder vor, die das Sandmännchen alle schon besucht hat. Er malt sich die schönsten Geschichten aus und reist in seinen Träumen mit dem Sandmännchen gemeinsam im Heißluftballon.

Die Reise führt ihn geradewegs ins Land der Träume, denn ohne es zu merken, ist Felix längst eingeschlafen.

Unser Sandmännchen auf dem Bauernhof

Robin und sein Bruder Jonas machen Urlaub auf dem Bauernhof – nicht allein natürlich, sondern mit Mama und Papa. Heute Nachmittag, da hat Bauer Münzer sie in seiner Pferdekutsche über die Wiesen und Felder gefahren. Das war lustig! Überhaupt, es ist so schön auf dem Bauernhof, nur vor einer Sache, da hat Robin Angst: Vor dem Pferd von Bauer Münzer. Das heißt Silvester.

Jonas ist schon sieben, der traut sich, Silvester zu füttern. Er rupft Gras ab und hält es ihm, über den Koppelzaun hinweg, vor die Nase. Und Silvester frisst ihm aus der Hand. Aber Robin traut sich nicht. So ein Pferdemaul, das ist groß! Und die Zähne in dem Pferdemaul sind riesig! Und auch wenn das Pferd es gar nicht will, kann es doch leicht passieren, dass es ihm in die Finger beißt, denkt Robin.

„Du Angsthase“, lacht Jonas.

Aber Robin streichelt lieber Morle, die Katze. Die ist süß. Und klein.

Auf einmal ist ein Knattern zu hören. Wer kommt denn da? Es ist ein kleiner Mann auf einem grünen Traktor. Er hat eine rote Mütze auf.

„Hallo! Sandmännchen!“, ruft Jonas begeistert. Genau! Heute kommt ja das Sandmännchen! Robin freut sich.

Das Sandmännchen steigt von seinem Traktor, wuschelt den beiden zur Begrüßung durch die Haare und dann tritt es zur Koppel. Was macht es da? Es krault Silvester hinter den Ohren! Aha, das Sandmännchen hat also auch keine Angst! Nun winkt es Robin heran und holt etwas aus seiner Tasche: Eine Mohrrübe. Die drückt es ihm in die Hand.

„Na los“, erklärt Jonas. „Mit der kannst du Silvester füttern.“

Soll er? Robin überlegt. Wenn das Sandmännchen da ist, will er keine Angst haben. Also streckt er dem Pferd mit spitzen Fingern die Mohrrübe entgegen. Silvester stülpt sein großes Maul nach vorn und schwupps – hat er die Mohrrübe gefressen.

„Geschafft!", jubelt Jonas. Das Sandmännchen klatscht begeistert in die Hände.

Das war eigentlich gar nicht schwierig, denkt Robin. Nun steigt er auf den Zaun und krault Silvester hinter den Ohren. Und dann streichelt er Silvesters Maul. Ist das weich! Jetzt ist Robin ganz sicher, dass Silvester nicht beißt!

„Reinkommen, Kinder!", ruft Mama. „Zeit, ins Bett zu gehen."

Das Sandmännchen greift nun abermals in seine Tasche; es zieht den Traumsandbeutel hervor. Pling pling – eine feine weiße Wolke schwebt durch die Luft und Robin wird furchtbar müde.

„Auf Wiedersehen!", ruft Jonas, denn das Sandmännchen sitzt schon wieder auf seinem Traktor. Robin winkt hinterher: „Besuch uns bald wieder!"

Das Sandmännchen winkt zurück: Gute Nacht, ihr beiden! Träumt schön!

Aber Robin weiß schon, wovon er träumen wird: Von Silvester natürlich! Und vom Sandmännchen!

Unser Sandmännchen besucht die Wolkenschafe

Den ganzen Tag haben die Wolkenschafe am blauen Himmel gespielt und geweidet. Nun wird es langsam Abend und Ruhe kehrt ein. Doch plötzlich ist ein lautes Brummen zu vernehmen. „Was ist denn das?“, ärgert sich Tante Berta, das alte Wolkenschaf. Das Brummen wird noch lauter. „Unverschääämtheit“, blökt sie. Neugierig schauen die Wolkenschafe in die Richtung, aus der das Geräusch kommt. Aha, da fliegt jemand! Nein, ein Vogel ist es nicht, Vögel machen ja nicht so einen Lärm. Es ist eine kleine Propellermaschine! Immer näher kommt sie. Und wer ist der Pilot? Ein Mann mit einer roten Mütze und einem weißen Bart. „Das Sandmääännchen, das Sandmääääännchen“, blöken Lena und Luise, die Wolkenlämmer.

Ja, sie haben Recht, es ist das Sandmännchen! Tante Berta lächelt. Denn wenn das

Sandmännchen kommt, dann freut sie sich, selbst wenn es Krach macht.

Das Sandmännchen fliegt ganz langsam an die Herde heran. Dann winkt es Lena und Luise herbei. Ob sie mitfliegen wollen? Ja, natürlich! Die Lämmchen schweben zum Flugzeug und machen es sich auf den Tragflächen bequem. „Haltet euch gut fest!“, ruft Tante Berta besorgt. Dabei können Wolkenschafe doch fliegen, es kann also gar nichts passieren. Nun düst das Sandmännchen die erste Runde mit ihnen. „Määh, määh“, blöken Lena und Luise begeistert. Nach der dritten Runde schweben sie wieder zurück zu ihrer Herde. Aber da winkt das Sandmännchen noch jemanden herbei. Wen? Na, was glaubst du? Es winkt tatsächlich Tante Berta, dem alten Wolkenschaf. Ob sie auch einmal mitfliegen will?

Warum nicht?, denkt Tante Berta. Ein bisschen Spaß kann ja nicht schaden! Majestätisch schwebt sie zum linken Tragflügel. Kaum hat sie sich dort niedergelassen, düst das

Sandmännchen schon los. Als Tante Berta nach einigen Runden wieder zu ihrer Herde zurückschwebt, ist ihr fast schwindlig geworden. Aber es hat Spaß gemacht, das muss sie zugeben.

Nun zieht das Sandmännchen seinen Beutel mit Traumsand hervor. Es streut eine Handvoll durch die Luft und den Wolkenschafen werden die Augen schwer.

Das Sandmännchen winkt ihnen zum Abschied. Dann lässt es seine Maschine hoch über die Wolken steigen und fliegt weiter.

„Auf Wiedersehen, Sandmääääannchen", blöken die Wolkenschafe. Leiser und leiser, kleiner und kleiner wird das Flugzeug, bis schließlich nichts mehr davon zu sehen ist. Auch zu hören ist nichts mehr. Oder? Doch! Ein leises Schnarchen. Wer schnarcht da? Aha, sieh mal an: Die Wolkenschafe haben sich alle eng zusammengekuschelt und schlafen schon. Und wenn du ganz genau hinhörst, wirst du feststellen: Es ist Tante Berta, die da schnarcht. Aber egal! Schnarch schön, äh, ich meine natürlich: Schlaf schön, Tante Berta! Und ihr auch, ihr anderen Wolkenschäfchen! Gute Nacht!

Unser Sandmännchen im Winterwald

Im Winter ist es für die Tiere des Waldes besonders schwer, etwas Essbares zu finden. Damit sie nicht hungern müssen, sorgen Förster Fabian und seine Kinder Lea und Till stets dafür, dass es in den Futterkrippen genügend Heu, Eicheln, Kastanien und Bucheckern gibt.

Aber ... denkt auch jemand an die Vögel? Auch sie finden wenig zu fressen, wenn Schnee und Eis die Landschaft bedecken. Lea und Till bitten daher ihren Papa, mit ihnen ein Futterhäuschen zu bauen. In dem können die Vögel geschützt fressen, das Futter bleibt schön trocken und verdirbt nicht. „Wir werden auch regelmäßig Futter nachfüllen und sauber machen“, versprechen sie.

Ihr Papa freut sich, dass ihnen die Tiere so wichtig sind, und bald ist das Vogelhäuschen fertig gezimmert und am Waldrand, hinterm Garten, aufgestellt. Die Kinder haben Sonnenblumenkerne, viele andere Körner, zerkleinerte Nüsse, Rosinen und einen Apfel mitgebracht, für jeden kleinen Piepmatz sein Lieblingsfutter.

„Hoffentlich finden die Vögelchen ihre neue Futterstelle auch!“, überlegt Lea. „Sonst wäre alles umsonst.“ „Keine Sorge“, beruhigt Förster Fabian sie. „Es genügt, wenn ein Vogel sie bemerkt, dann wissen alle anderen auch bald Bescheid und besuchen sie regelmäßig. Deswegen ist es wichtig, dass Futter aufgefüllt wird. Dann lassen sich neben Meisen und Spatzen auch das Wintergoldhähnchen oder der bunte Kernbeißer beobachten.“

Darauf freuen sich die Kinder und füllen gewissenhaft das Futterhäuschen, um dann in einem Versteck auf ihre gefiederten Gäste zu warten. Dabei können sie manchmal – aus einiger Entfernung – sogar Rehe und Hirsche an der nahen Futterkrippe entdecken.

In diesem Jahr dauert der Winter besonders lang. An einem frostigen Morgen wollen die Kinder vor dem Frühstück die Vögel füttern. Sie ziehen sich warm an, suchen in der Vorratskammer nach der Schüssel mit Körnern und füllen ein kleines Säckchen. Dann stapfen sie los durch den hohen Schnee.

Am Vogelhäuschen streuen sie Sonnenblumenkerne ein, als plötzlich ein knackendes Geräusch zu hören ist. Es kommt ganz aus der Nähe. Die Kinder drehen sich um und sehen ein Männchen vor sich stehen, das ihnen seltsam bekannt vorkommt. Es hat einen roten Mantel an und trägt eine rote Mütze auf dem Kopf.

Till sieht Lea fragend an. Kann das wirklich sein? Aber ja, es sieht aus wie das Sandmännchen! „Hallo, liebes Sandmännchen!“, rufen Lea und Till begeistert und vergessen dabei, dass sie ja eigentlich ganz still sein wollten.

Das Sandmännchen lächelt den Kindern freundlich zu. Dann hält es den Zeigefinger an den Mund. „Ja“, flüstert Lea, „du hast recht. Die Tiere kommen nur, wenn wir ganz leise sind.“ Das Sandmännchen lächelt und greift in seinen Sack. Heraus nimmt es nicht etwa den Traumsand, nein, sondern Vogelfutter und Meisenringe. Lea und Till freuen sich sehr. Zwei Meisenringe bringen sie sofort an, den Rest werden sie morgen an die Vögel verfüttern.

Als sie sich noch einmal umdrehen, um sich zu bedanken, ist das Sandmännchen verschwunden. So fragen sich die Geschwister überrascht: Haben wir vielleicht alles nur geträumt? Doch dann sehen sie die Meisenringe am Vogelhäuschen und lächeln verschmitzt.